Rainer Hilbt

Pferde richtig longieren

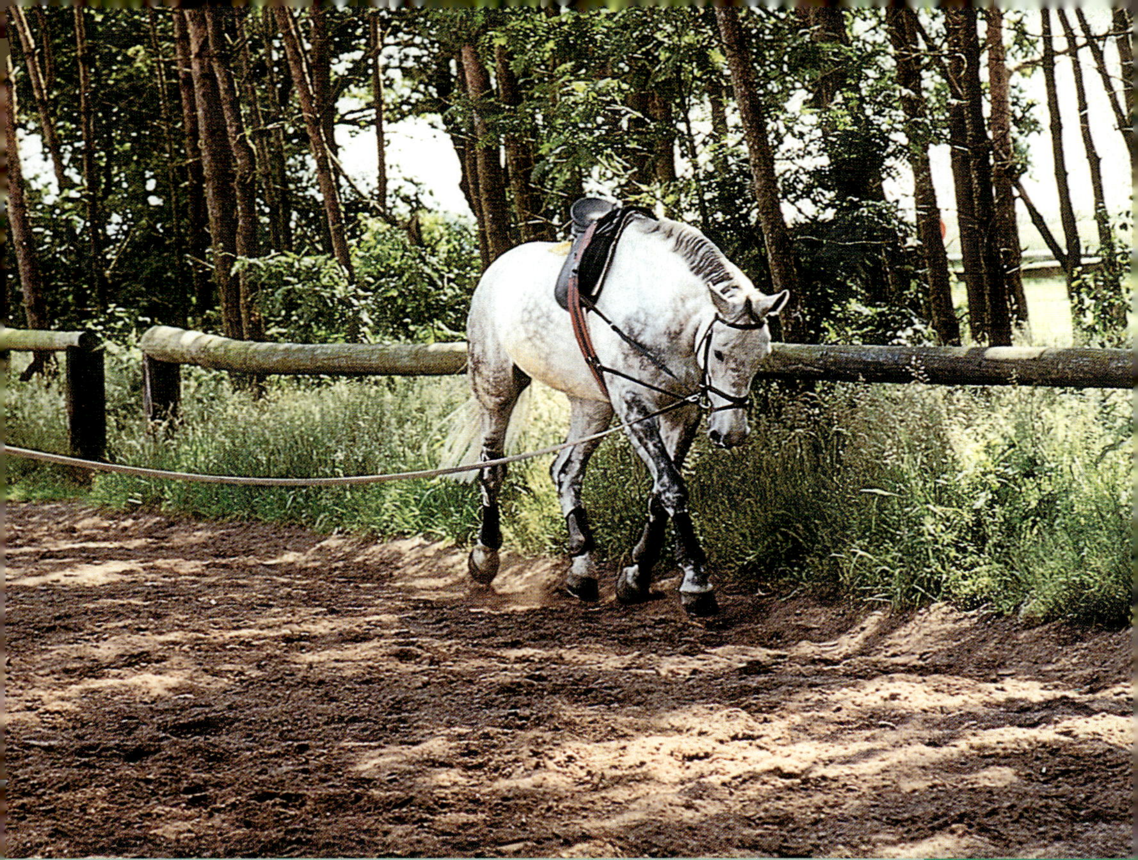

Pferde richtig longieren

Rainer Hilbt

BLV
Freizeit REITEN

Inhalt

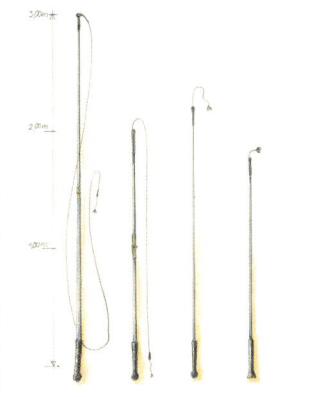

Zum Thema

Das Pferd in Dehnungshaltung im fleißigen Trab.

Das Longieren auf Außenplätzen fördert die Freude an der Arbeit.

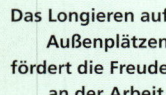

Ein zufriedenes Pferd.

Das Voltigierpferd im schwungvollen Galopp.

Praxis-Wissen

Longieren – Reiten mit Fernsteuerung

In gewisser Weise kann man das Longieren als »Reiten mit Fernsteuerung« bezeichnen. Der große Vorteil des Longierens besteht darin, dass man das Pferd ohne das belastende Gewicht des Reiters arbeiten und aus einer gewissen Distanz beurteilen kann. Aus diesem Grund empfiehlt es sich auch, schwierige Pferde vor dem Reiten an der Longe zu lösen.

Oben: Die korrekte Ausrüstung des Pferdes. Der Laufgurt befestigt die Sattelblätter. Rechts: Die Sicherheitsschlaufe wird zwischen Mittel- und Zeigefinger gehalten. Der Unterarm bildet eine Linie mit der Longe.

Es gibt viele Methoden, ein Pferd zu longieren. Jede hat ihre Vor- und Nachteile, das Ziel bleibt aber immer dasselbe: ein zufrieden gehendes, losgelassenes und an den Hilfen stehendes Pferd.

Das kann böse Verletzungen geben.

Mit der hier vorgestellten Methode habe ich die besten Erfahrungen gemacht, denn sie ist für Reiter und Pferd sehr schnell zu erlernen. Besonders Einsteiger und Anfänger mit wenig Erfahrung im Longieren profitieren davon.

Die richtige Ausrüstung

Wie beim Reiten, so ist auch beim Longieren die richtige Ausrüstung wichtig für eine erfolgreiche Arbeit. Für einen guten Sattel, eine tolle Trense oder schicke Reitstiefel gibt man bereitwillig viel Geld aus; doch wie sieht es bei der Longierausrüstung aus?

Oft werden eine alte verknotete Longe und eine viel zu kurze (oder gar keine) Peitsche zum Longieren benutzt, auf Gurt oder Sattel verzichtet oder nur ein Stallhalfter verwendet. Von dieser »Un-Art« des Longierens ist abzuraten, weil sie dem Pferd schadet und keine Erfolge bringt.

Der Karabinerhaken am Ende wird in den inneren Gebissring eingehängt.

Die Longierbrille bringt nur Nachteile, der Wirbel an der Longe ist unnötig.

Die Longe

Die Longe stellt, ähnlich wie die Zügel, eine Verbindung zwischen Reiter und Pferd her. Sie sollte mindestens 8 Meter lang sein, damit Sie das Pferd auf einem möglichst großen Zirkel longieren können, denn bei einem kleinen Zirkel werden die Pferdebeine zu stark belastet. Nehmen Sie in jedem Fall eine Longe aus Baumwolle, da Sie sich mit Longen aus Kunstfasern beim Durchziehen durch die Hand schneiden können. Aus diesem Grund sollten auch weder Lederstege aufgenäht noch Knoten in der Longe sein.

Wichtig ist eine Sicherheitsschlaufe am einen Ende, damit Sie Ihr Pferd auch dann halten können, wenn es einmal nach außen wegstürmt. Ein Wirbel am anderen Ende ist unnötig, denn er wirkt so, wie er heißt: Er bringt nur Wirbel in die Longe. Ein fester Karabinerhaken ist besser geeignet. Longierbrillen sind für die Longenarbeit unbrauchbar. Drängt das Pferd nach außen, kommt der Druck nur auf den äußeren Gebissring, und das Pferd verwirft sich im Genick (der Kopf wird schief gehalten). Durch ständiges Verstellen treten beim Reiten Probleme auf.

So sieht Longieren ohne Peitsche aus.

Die Peitsche

Zum Longieren brauchen Sie eine Peitsche in ausreichender Länge: Der Stock sollte 3 Meter, der Schlag 4 bis 4,5 Meter lang sein, so weiß das Pferd, dass es jederzeit erreichbar ist. Eine zu kurze Peitsche erkennen Pferde schnell, und die erwünschte treibende Wirkung bleibt aus.

Die Zäumung des Pferdes

Sie können mit einem Kappzaum oder einer normalen Trense longieren. Der Kappzaum ist allerdings nur dann zu empfehlen, wenn er optimal angepasst ist, denn jede Abweichung kann zu Scheuerstellen führen. Die Zügel werden am besten entfernt oder verdreht mit dem Kehlriemen befestigt.

Bei jungen oder im Maul empfindlichen Pferden kann man zusätzlich ein eng anliegendes Stallhalfter mit über die Trense legen. Die Longe wird dann im

inneren Ring des Halfters und des Gebisses befestigt. In diesem Fall wäre ein passender Kappzaum besser.

Laufgurt und Sattel

Der Laufgurt ist bei der Arbeit ein unerlässliches Hilfsmittel. Er muss an beiden Seiten genügend Ringe besitzen, die auf der gesamten Länge des Gurtes verteilt sind. Dieser Gurt wird so über den Sattel geschnallt, dass die Sattelblätter fest anliegen und der Gurt gut sitzt. Auf den Sattel sollten Sie beim Longieren nicht verzichten, da die Rückenmuskulatur des Pferdes durch das Sattelgewicht zu verstärkter Tätigkeit angeregt wird. Entfernen Sie aber die Steigbügelriemen oder befestigen Sie sie so, dass sie sich beim Longieren nicht lösen können. Ein Longiergurt aus Leder oder ein Voltigiergurt ist für die Arbeit am besten geeignet, allerdings auch entsprechend teuer. Hier sorgt eine Schaumstoffunterlage für einen festen Sitz.

Das Pferd wird an den Vorder-, möglichst auch an den Hinterbeinen, mit Bandagen oder Gamaschen ausgerüstet, um die Verletzungsgefahr zu verringern.

Beim Longieren muss ein Hilfszügel verschnallt werden, dessen Art sich nach dem Ziel der Arbeit und dem Ausbildungsstand des Pferdes richtet. Ohne Hilfszügel können die Rücken-, Hals- und Genickmuskulatur, also die Oberlinie des Pferdes, nicht gelöst werden. Oder können Sie sich vorstellen, beim Reiten ein Pferd zu lösen, ohne die Zügel zu gebrauchen?

Korrekte Befestigung der Steigbügel.

Der richtige Ort zum Longieren

Der korrekte
Longierzirkel.

Ebener Boden, korrekte Abgrenzung, geeignete Umgebung und passende Größe des Zirkels, so sieht der ideale Platz zum Longieren aus. Vor allem der Bodenbeschaffenheit kommt eine große Bedeutung zu:

Zu tiefer Boden ist belastend für Sehnen und Gelenkbänder, zu fester Boden ist rutschig.

Junge Pferde brauchen beim Longieren häufig eine geschlossene äußere Abgrenzung, an der sie Anlehnung finden können. Am besten eignet sich hier ein eingezäunter Longierplatz. Müssen Sie in einer Reithalle oder auf einem Außenplatz eine Abgrenzung schaffen, achten Sie bitte darauf, dass diese hoch genug ist und keine abstehenden Teile in den Zirkel ragen, da sich das Pferd daran verletzen könnte. Auch Schnüre von Strohballen bergen Verletzungsgefahr, wenn das Pferd hineintritt und sich darin verfängt.

Aber schon in der weiteren Ausbildung longiert man auch auf geraden Linien, also ohne Abgrenzung an allen Seiten.

Der Zirkeldurchmesser sollte mindestens 14 Meter betragen, da die Drehbewegung der Zehengelenke auf kleineren Kreisbögen zu erhöhtem Verschleiß des Pferdes führt.

Während man für die Arbeit mit jungen Pferden erst einmal die ruhige Umgebung ohne störende äußere Einflüsse vorziehen sollte, ist für die weitere Ausbildung das Longieren auf Außenplätzen eine interessante Abwechslung und als Ausgleich sehr gut geeignet.

Mit der Ausrüstung umgehen

Der korrekte Umgang mit der Longe ist wichtig für sicheres Longieren. Ist die Longe beispielsweise verknotet, verdreht in der Hand aufgewickelt oder liegt die Sicherheitsschlaufe über dem Handgelenk, besteht beim Wegstürmen des Pferdes schnell Verletzungsgefahr.

Der Knoten zieht sich zu!!!   **Das kann sehr gefährlich werden.**

Links: Diese Schlaufe bleibt beim Longieren in der Hand. Mitte: Die aufgenommenen Schlaufen werden immer kleiner. Rechts: Die Verdrehungen müssen in der aufgenommenen Longe sein.

Die Longe

Legen Sie die Sicherheitsschlaufe zwischen Zeige- und Mittelfinger der Hand, in der Sie die Longe halten. Greifen Sie nun mit der anderen Hand (Handfläche nach oben) unter die Longe und legen Sie eine Schlaufe über den Zeigefinger der Hand, in der Sie die Longe halten. Diese erste, große Schlaufe darf nicht weiter als bis kurz unter das Knie reichen, damit Sie nicht versehentlich hineintreten und sich darin verheddern. Aus Sicherheitsgründen wird stets mit dieser Schlaufe in der Hand longiert, denn so kann man entsprechend nachgeben, falls das Pferd einmal nach außen stürmt. Die nächsten Schlaufen werden jeweils etwas kürzer aufgenommen. Damit ist gewährleistet, dass sie beim Hantieren am Pferd nicht durcheinander geraten und

! **Unbedingt vermeiden!**

Halten Sie die Longe nie nur an der Sicherheitsschlaufe fest.

die Longe sauber herausgelassen werden kann. Während des Aufnehmens besteht eine Verbindung zum Pferdemaul, die Longe hängt nicht durch.

Haben Sie die Longe in der linken Hand aufgenommen, muss sie auch nach einem Handwechsel des Pferdes aus der linken Hand herausgelassen werden (siehe Foto). Nehmen Sie Longe und Peitsche in eine Hand und lassen Sie die Longe ohne Rucken herausgleiten. Nach dem Herauslassen übergeben Sie die letzte Schlaufe in die rechte Hand. So ist sie immer ausgedreht, und ein Wirbel erübrigt sich.

Die Longe ist in die linke Hand aufgenommen und wird nach dem Handwechsel über die rechte Hand herausgelassen. Peitsche und Longe werden dabei in einer Hand gehalten.

So halten Sie den Longenarm

Der Oberarm der Longenhand liegt am Oberkörper an, der Unterarm bildet eine Linie mit der Longe, wobei er leicht nachgebend wirkt. Die Longe wird über den Zeigefinger herausgeführt und mit dem Daumen festgehalten.

Bei dieser Armhaltung kann man jederzeit genügend annehmen und nachgeben und die Hilfen trotzdem sehr fein dosieren. Bei allen anderen Armhaltungen, wie dem gestreckten Arm nach unten oder der Longenhand vor dem Bauch, ist ein sensibles Einwirken nicht mehr möglich. Ein zurückziehender Arm wirkt ebenso negativ wie beim Reiten die feste, steife Hand.

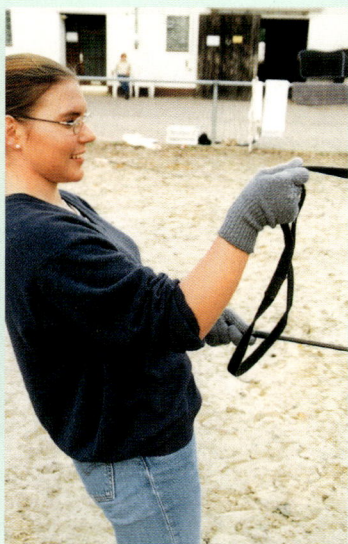

Links: Das passiert beim Herauslassen aus der falschen Hand. Die Longe ist total verdreht.
Mitte: Die hohe Hand ist viel zu hart.
Rechts: Sensibles Einwirken ist hier unmöglich.

Die Longe wird in den inneren Gebissring eingehakt, da man mit dieser Möglichkeit fast alle Pferde korrekt arbeiten kann. Auf keinen Fall sollte man die Longe über den Kopf schnallen oder sie durch den inneren Ring ziehen und außen einhaken. Auch alle anderen Einschnallmöglichkeiten können falsch angewandt mehr schaden als nutzen.

Die Peitsche

Das Touchieren (darunter versteht man das leichte Berühren mit dem Ende des Schlages) des Pferdes an der richtigen Stelle mit der entsprechenden Dosierung ist eine Grundvoraussetzung für effektives Longieren. Wollen Sie die Peitsche also als treibende Hilfe einsetzen, müssen Sie den Umgang mit ihr üben: Stellen Sie eine Dose auf die Bande und versuchen Sie, die Dose mit der Peitsche zu touchieren. Am

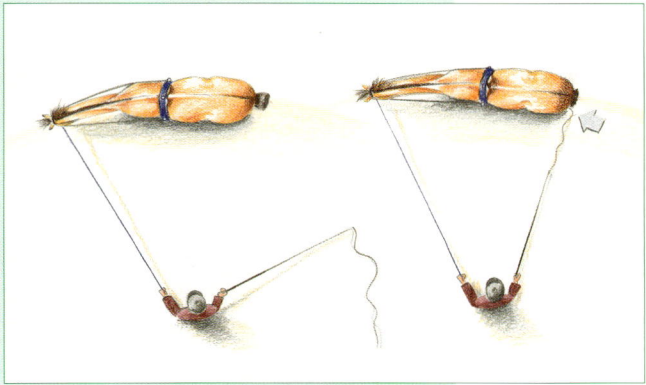

sichersten treffen Sie, wenn Sie die Peitsche ungefähr im rechten Winkel zur Longe halten. Der Schlag liegt dabei auf dem Boden und zeigt gerade nach hinten. Werfen Sie den Schlag zum Pferd, muss der Stock anschließend auf die Stelle zeigen, an der Sie treffen wollen. Wenn Sie die Peitsche sofort wieder zurückziehen, kommt der Schlag nicht am Pferd an, und die Peitsche knallt nur.

Die Peitsche wird weit hinter dem Pferd gehalten (links).
Nach dem Touchieren zeigt der Stock in Richtung Pferd (rechts).

Häufig wird gelehrt, mit der Peitsche immer auf das Sprunggelenk des Pferdes zu zeigen. Ich empfehle dagegen, die Peitsche in einem Winkel von etwa 45 Grad nach oben und deutlich hinter dem Pferd zu halten. Die Vorteile liegen auf der Hand:

Die Peitsche wird bei der Arbeit nicht so schwer, das Pferd stumpft nicht ab, und – ganz entscheidend – man kann die Peitsche aus dieser Stellung

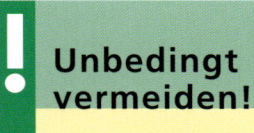

! **Unbedingt vermeiden!**

Knallen Sie nicht ständig mit der Peitsche. Grundsätzlich gilt: je leiser der Umgang mit der Peitsche, desto besser.

Die Peitsche ist vom Pferd deutlich zu sehen, die Reiterin steht in korrekter Grundstellung zum Pferd.

direkt abziehen und das Pferd so touchieren. Zeigt die Peitsche aber auf das Sprunggelenk, muss man erst nach hinten ausholen und ... der entscheidende Moment, in dem man touchieren sollte, ist vorbei. Allein die nach hinten offene Stellung veranlasst das Pferd, fleißiger voranzutreten, weil die Peitsche für das Pferd deutlicher zu sehen ist.

Der Handwechsel

Damit das Pferd nicht einseitig überlastet wird, macht man etwa alle zehn Minuten einen Handwechsel. Dabei können folgende Probleme auftreten: Das Pferd an der Longe steht eventuell nicht ruhig, kommt nach innen oder dreht sich um; die lange Peitsche ist beim Aufnehmen der Longe im Weg usw. Legen Sie die Peitsche in dieser Situation in keinem Fall auf den Boden: Das Pferd steht nach einem Handwechsel in kurzer Entfernung zum Reiter. Nimmt dieser die Peitsche hinter dem Pferd hoch, kann es sich so erschrecken, dass es entweder nach vorn wegstürmt (und man bekommt die Longe nicht so schnell aus der Hand) oder nach der von hinten kommenden

18

Das kann böse enden.

Bedrohung ausschlägt. Beide Reaktionen liegen in seiner Natur, denn das Pferd ist ein Fluchttier.

So ist es richtig

Das Pferd steht auf der Zirkellinie, der Reiter in der Zirkelmitte: Die Peitsche wird unter der Longe hindurchgeführt und mit der Spitze nach hinten unter den Longenarm geklemmt. Halten Sie die Peitsche mit dem Daumen der Longenhand fest, damit die Spitze nicht auf den Boden kommt und beim eventuellen Zurückgehen zerbricht. Danach können Sie mit der freien Hand die Longe wie vorn beschrieben aufnehmen, während Sie auf das Pferd zugehen. Beim Pferd angekommen, greifen Sie mit der freien Hand hinten herum und holen die Peitsche nach vorn, ohne den Schlag an das Pferd zu werfen.

Oft wird gelehrt, dass man das Pferd zum Handwechsel eine Vorhandwendung machen lässt. Leider aber sind viele Pferde

Unbedingt vermeiden!

Legen sie die Peitsche beim Longieren nie auf den Boden, auch nicht beim Handwechsel.

Aufnehmen der Longe; von links nach rechts: Die Peitsche wird so festgehalten und die Longe aufgenommen. Dann wird die Peitsche von hinten nach vorn geholt, der Schlag darf dabei aber nicht an das Pferd kommen.

und auch Reiter nicht in der Lage, diese richtig auszuführen. Meistens drehen die Pferde auf der Stelle oder werden auf kleinstem Kreis herumgezogen.

Am einfachsten und schonendsten lässt sich ein Handwechsel in der Zirkelmitte ausführen. Nehmen Sie die Peitsche in die linke Hand, führen Sie das Pferd auf einem großen Kreisbogen in die Mitte und stellen Sie die Peitsche an Ihre Schulter, niemals an das Pferd. Macht es auch nur einen Schritt zur Seite, fällt die Peitsche beispielsweise an den Kopf des Pferdes und es erschrickt. In der Zirkelmitte wird die Ausrüstung kontrolliert und gegebenenfalls nachgegurtet. Kontrollieren Sie dabei stets die Verschnallung der Hilfszügel. Bei vorheriger Innenstellung haben Sie ohne Änderung Außenstellung.

Diese Methode hat einige Vorteile gegenüber dem Handwechsel auf der Zirkellinie. Das Pferd ist weit entfernt von allen Störfaktoren, wie zum Beispiel klappernden Türen. Und Sie sind nicht in Gefahr, an eine eventuell vorhandene Bande gedrückt zu werden.

Dann longieren Sie das Pferd im Schritt wieder auf den Zirkel hinaus. Dabei lassen Sie die Longe wieder aus der Hand heraus, in die Sie sie aufgenommen haben. Stehen Sie dabei aber nicht im Gefahrenbereich der Hinterbeine.

Üben Sie den Umgang mit Longe und Peitsche einige Male »trocken«, also ohne Pferd, damit Sie die nötige Sicherheit bekommen und sich beim Longieren auf das Pferd konzentrieren können.

Unten: Zur Kontrolle der Ausrüstung hat man beide Hände frei. Die Longe wird aus der richtigen Hand herausgelassen, der Reiter steht dabei nicht hinter dem Pferd.

Einige praktische Tipps

● Gestalten Sie die Arbeit mit Ihrem Pferd an der Longe so abwechslungsreich wie möglich. Wie beim Reiten, so müssen Sie auch beim Longieren Ihr Pferd fordern und beschäftigen. Mit Lektionen wie dem Verlagern des Zirkels und dem Wechseln von Gangart und Tempo können Sie das Pferd abwechslungsreich gymnastizieren. Und genau darin unterscheidet sich das Longieren vom reinen »Laufenlassen« an der Longe.

● Vermitteln Sie dem Pferd, dass Sie der ranghöhere Partner, also das »Leittier«, sind. Dies entspricht der Natur des Pferdes, denn in jeder Herde gibt es eine festgelegte Rangfolge. Die untergebenen Pferde ordnen sich unter und vertrauen dem Leittier völlig. So muss es auch im Umgang mit dem Menschen sein. Hat sich das Pferd einmal untergeordnet, ist es zufrieden und vertraut dem Menschen. Ständige Machtkämpfe dagegen machen das Pferd unzufrieden, ein effektives Arbeiten wird erschwert.

! Beachte:

Treten Sie Ihrem Pferd gegenüber immer sicher und bestimmt auf. Unsicheres Verhalten verunsichert auch das Pferd – es ist wider seine Natur.

● Stehen Sie in der Grundstellung mit der Schulterachse parallel zum Pferd. Bei dem oft beobachteten Hinterher- oder Vorherdrehen der Schulter kann man sein Pferd nicht mehr zwischen den Hilfen, also zwischen Longe und Peitsche, arbeiten, denn das Feingefühl für die Hilfengebung geht verloren.

● Gehen oder stehen? Grundsätzlich steht man auf einer Stelle und dreht sich um die eigene Achse. Als Hilfe können Sie sich ein Loch an der Stelle in die Erde machen, an der Sie stehen wol-

len. Soll der Zirkel verlagert und auf einer Geraden longiert werden, geht man mit großen und fleißigen Schritten parallel zum Pferd mit.

● Wie lange longieren? Die maximale Longierzeit richtet sich nach Kondition und Tagesform des Pferdes sowie nach den äußeren Bedingungen. Bei abwechslungsreicher und schonender Arbeit kann sie durchaus über eine halbe Stunde hinausgehen. Schonende Arbeit bedeutet: großer Kreisbogen, wenig ermüdende Arbeit (wie z.B. lange Galopp-Phasen) und Handwechsel im Abstand von jeweils ungefähr zehn Minuten.

Die Schulter ist verdreht, dadurch wirkt der Arm rückwärts.

Korrekte Hilfengebung

Ein gehorsames, an den Hilfen stehendes Pferd.

Genau wie beim Reiten, so ist auch beim Longieren die korrekte Hilfengebung Grundvoraussetzung für erfolgreiches Arbeiten mit dem Pferd. Die räumliche Distanz zwischen Reiter und Pferd erschwert die Verständigung zwischen den beiden. Dies ist die häufigste Ursache für Fehler beim Longieren. Hilfen sind

Kommunikationsmittel, mit denen Reiter und Pferd sich verständigen. Sie müssen vom Pferd leicht verstanden werden und vom Reiter einfach zu handhaben sein.

Für Voltigierausbilder ist das gehorsame, an den Hilfen stehende Pferd Voraussetzung zur sicheren Ausübung ihres Sportes.

Stimme, Longe und Peitsche

Mit den drei Hilfen Stimme, Longe und Peitsche kann grundsätzlich jedes Pferd longiert werden. Einzeln angewandt sind die drei Hilfen wirkungslos. Nur ihr perfektes Zusammenspiel bringt den gewünschten Erfolg. Sie müssen konsequent und gleichzeitig gegeben werden. Die Intensität der einzelnen Hilfen richtet sich nach dem jeweiligen Pferd und seiner Tagesform. Das Pferd kann an verschiedenen Tagen durchaus unterschiedlich auf die Hilfen reagieren. So sind einige Pferde z. B. bei kaltem Wetter sensibler oder sie werden gegen Ende einer Trainingseinheit triebiger.

Stimmhilfen

Da Pferde zehnmal so gut hören wie Menschen, ist die Stimme eine sehr wichtige Hilfe. Man kann das Pferd damit beruhigen, auffordern, loben und tadeln. Deshalb sind Tonfall und Lautstärke der Stimme von entscheidender Bedeutung. Sie entscheiden über Gehorsam, Vertrauen oder Misstrauen des Pferdes dem Reiter gegenüber.

Pferde sind in der Lage, die Worte »Steh«, »Scheritt«, »Terab« und »Galopp« zu unterscheiden. Man kann diese Hilfen eindeutig geben. Sobald das Pferd sie erlernt hat, weiß es genau, wie es auf die Hilfen reagieren soll.

Diese Art der Stimmhilfe hat Vorteile gegenüber der weit verbreiteten Methode, einen Gangartwechsel mit Schnalzen und »Brrr« auszuführen. Will man beispielsweise ein trabendes Pferd anhalten, so weiß es bei »Brrr« nicht, was es machen soll, weil dieser Befehl bei jedem Durchparieren erfolgt. Sagt man dagegen »Steh«, weiß es ganz genau, was von ihm verlangt wird.

Das Arbeiten mit dem Pferd an der Longe funktioniert mit Stimme oftmals viel einfacher als ohne. Bei jungen Pferden benutzt man die Stimme zu Anfang sehr viel. Dies bringt einen enormen Erfolg in Bezug auf Vertrauen und Arbeitswilligkeit. Im Laufe der weiteren Ausbildung reduziert sich die Stimmhilfe jedoch bis auf die vier Grundkommandos.

Longenhilfen

Die Longenhilfen sind vergleichbar mit denen beim Reiten: Es gibt annehmende, nachgebende und verwahrende Hilfen. Annehmende Hilfen werden immer in Verbindung mit einer treibenden Hilfe benutzt, um das Pferd aufmerksam zu machen, beispielsweise vor einem Gangartwechsel, zum Verkürzen des Gangmaßes, zum Anhalten sowie zum Wechsel in eine niedrigere Gangart. Annehmen ist aber kein langes Ziehen, sondern es geht ein kurzer Impuls durch die Longe.

Das Wichtigste dabei ist die darauf folgende nachgebende Hilfe. Nachgeben heißt aber nicht Wegwerfen der Longe, sondern – wie beim Reiten – dosiertes Nachgeben mit stetiger, weicher Verbindung zum Pferdemaul.

Die annehmende und nachgebende Hilfe.

Damit die Longenhilfen weich am Pferdemaul ankommen, werden sie stets aus dem Handgelenk gegeben und nicht mit dem ganzen Arm.

Mit verwahrender Hilfe ist die Grundanlehnung zum Pferdemaul gemeint. Die Longe soll beim Longieren, wie der Reiterzügel, immer eine leichte Verbindung zum Gebiss haben. Wichtig für eine erfolgreiche Arbeit an der Longe ist die weiche Hand. Ein Pferd darf mit der Longe nicht gestraft werden; es muss zur Longenhand Vertrauen haben. Machen Sie den Test: Halten Sie ein Longen-ende, während eine zweite Person am anderen Ende ruckt und zieht. Sie werden sich wundern, wie hart der Effekt ist.

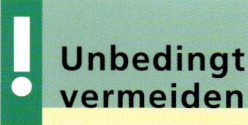

Unbedingt vermeiden!

Sie dürfen Ihr Pferd nicht mit der Longe strafen. Es muss Vertrauen zur Hand haben, damit es an sie herantreten kann.

Peitschenhilfen

Zusammen mit der Stimme ist die Peitsche eine treibende Hilfe. Entscheidend ist der richtige Umgang mit ihr. Sie sollten die Peitsche so gut beherrschen, dass Sie mit ihr sowohl touchieren als auch dosiert treiben können. Nur wenn Sie richtig touchieren können, hat das Pferd Respekt vor Ihnen. Es soll schon auf kleine Peitschenhilfen reagieren. Denn: Treiben heißt nicht treffen.

Die Kunst liegt darin, das richtige Maß zu finden. Wenn Sie das Pferd dauernd touchieren, stumpft es ab. Setzen Sie deshalb die treibende Hilfe dosiert ein, indem Sie den Schlag mehr oder weniger stark hinter das Pferd werfen, ohne es damit zu berühren.

Peitschensymbolik

Da Pferde Bewegungsseher sind, kann man ihnen mit einer eindeutigen Peit-schensymbolik genaue Kommandos geben:

Von links nach rechts: Zum Gangartwechsel nach oben wird die Peitsche aus der Grundstellung (1) heraus weit hinter dem Pferd gesenkt (2). Von hier wäre ein nötiges Touchieren möglich.

Für einen Gangartwechsel nach oben wird die Peitsche von der Grundstellung aus hinter dem Pferd gesenkt. Dort wirkt die Peitsche als Aufforderung von hinten, und das Pferd tritt an. Nach dem Gangartwechsel wird die Peitsche wieder in die Grundstellung genommen.

Kennt das Pferd die Bedeutung dieser Befehle, müssen Sie den Lederschlag nicht mehr einsetzen. Das Absenken der Peitsche reicht zum Treiben aus.

Zum Durchparieren des Pferdes wird die Peitsche parallel zur Longe gesenkt. So wirkt sie nur noch seitwärts treibend, und das Pferd drängt nicht in den Zirkel.

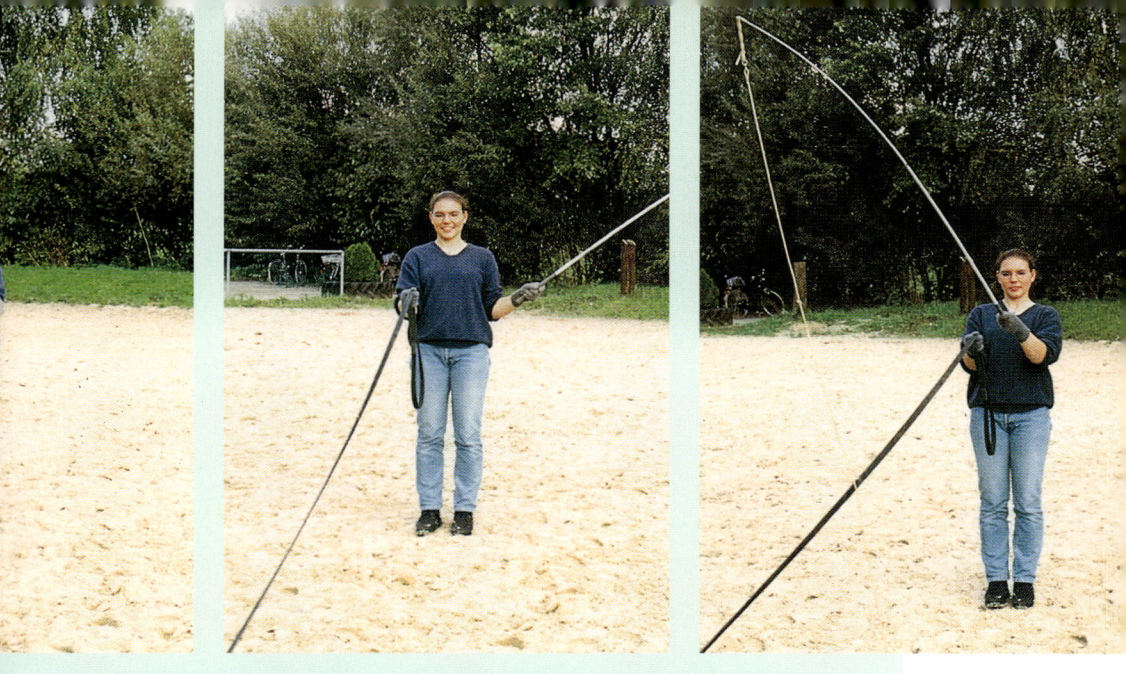

Zum Gangartwechsel nach unten wird die Peitsche parallel zur Longe gesenkt (3). So sieht das Pferd die ganze Peitsche, sie wirkt vorwärts treibend (4). Die Peitsche wirkt nicht mehr treibend (5).

Wird die Peitsche von der Grundstellung aus weiter hinter das Pferd geführt, verstärkt sich die treibende Wirkung. Führt man sie weiter nach vorn in Richtung Kopf, hat sie keinen treibenden Einfluss mehr.

Seitwärts treibende Hilfe

Auch bei der seitwärts treibenden Hilfe gibt es unterschiedliche Methoden. Am besten ist es jedoch, wenn Sie den Peitschenschlag von weit hinten, also aus der Grundstellung heraus, in Richtung Hinterbeine werfen.

So wirkt die Peitsche vorwärts–seitwärts treibend. Das Pferd bleibt fleißig und tritt an die Hand heran. Wenn Sie die Peitsche in Richtung Schulter führen, fehlt dagegen die vorwärts treibende Einwirkung. Werfen Sie die Peitsche in keinem Fall vor das Pferd. Die Gefahr, es dabei am Kopf zu treffen, ist viel zu groß. Die meisten Pferde reagieren darauf nur mit unwilligem Kopfschlagen.

Die Symbolik der Peitsche ist für Reiter und Pferd eindeutig zu verstehen.

Hinter dem Pferd senken:	Gangartwechsel nach oben
Parallel zur Longe senken:	Gangartwechsel nach unten
Erhoben weiter hinter das Pferd führen:	Tempo verstärken
Erhoben in Richtung Kopf führen:	Pferd beruhigen
Von weit hinten in Richtung Hinterhand werfen:	Heraustreiben

So benutzen Sie die Hilfen

Wechsel von Gangart und Tempo

Für jeden Übergang von Gangart und Tempo müssen Sie immer dieselben Hilfen geben. Lassen Sie das Pferd beispielsweise immer mit der Stimmhilfe »Terab« antraben und irritieren Sie es nicht mit wechselnden Befehlen.

Vor jedem Übergang wird das Pferd durch eine annehmende und nachgebende Longenhilfe aufmerksam gemacht. Gleichzeitig spricht man das Pferd mit seinem Namen an. Dann weiß das Pferd: Jetzt kommt etwas Neues.

Jetzt können Sie das Ausführungskommando geben, das einem kurzen Befehl gleichen soll.

Gangartwechsel nach oben

Beim Gangartwechsel nach oben senken Sie die Peitsche zügig hinter dem Pferd und rufen dabei beispielsweise »Terab«. Heben Sie die Stimme auf der zweiten Silbe an, das wirkt auffordernd. Ist das Pferd angetrabt, nehmen Sie die Peitsche wieder in die Grundstellung zurück.

Reagiert das Pferd nur zögernd oder gar nicht, müssen Sie die Stimmhilfe wiederholen, jetzt allerdings wesentlich energischer. Die Peitsche bleibt so lange hinter dem Pferd gesenkt, bis es antrabt. Aus dieser Position können Sie bei einem ungehorsamen Pferd direkt die Hinterhand touchieren. Das Pferd erkennt bei diesem Einsatz der Peitsche schnell, was von ihm verlangt wird.

Gangartwechsel nach unten

Beim Ausführungskommando senken Sie die Peitsche zügig parallel zur Longe, gleichzeitig geben Sie eine annehmende und nachgebende Longenhilfe

Das Pferd ist nach dem Durchparieren zum Schritt sofort wieder im richtigen Takt.

und beispielsweise das Kommando »Scheritt«. Auf der zweiten Silbe senken Sie die Stimme. Heben Sie die Peitsche erst dann wieder an, wenn das Pferd durchpariert ist. Bei Ungehorsam oder zögerndem Gangartwechsel werden die Stimm- und Longenhilfe wiederholt, diesmal jedoch energischer und konsequenter. Die hier beschriebene Abfolge der Hilfen gilt in Kombination mit der entsprechenden Stimmhilfe natürlich für alle Wechsel der Gangart.

Verstärken und Zurücknehmen des Tempos

Wollen Sie das Tempo verstärken, führen Sie die Peitsche weiter hinter das Pferd, senken sie eventuell langsam hinter ihm und fordern es durch Schnalzen zum Antreten auf.

Wollen Sie das Tempo wieder zurücknehmen, geben Sie mehrere annehmende und nachgebende Longenhilfen und mehrfach ein kurzes »Brrr«. Nehmen Sie die Peitsche dabei leicht nach vorn, damit sie nicht mehr treibend wirkt.

Bei einem Tempowechsel kommt es darauf an, dass das Pferd kräftig antritt und sich auch konsequent wieder zurücknimmt. Hier können schon wenige Tritte genügen.

! Beachte:

Geregelt gehen

Bei einem Wechsel von Gangart oder Tempo muss das Pferd möglichst sofort wieder geregelt gehen und im Takt sein. So soll es zum Beispiel aus dem Arbeitstrab direkt in den Galopp springen und nicht hineinrennen. Auch beim Durchparieren soll das Pferd sofort im geregelten Schritt gehen und nicht im Trab auslaufen.

Das Pferd ist nach dem Antraben im klaren Zweitakt.

Häufige Fehler bei der Benutzung der drei Hilfen

Häufige Fehler	Auswirkungen	Verbessern
Stimme zu laut oder zu oft benutzt.	Das Pferd stumpft ab, reagiert nicht mehr.	Stimme reduzieren, verstärkt mit Peitschen- und Longenhilfen arbeiten.
Fehlende Betonung der Stimme.	Keine Reaktion des Pferdes, da Unterschied zwischen treibender und beruhigender Hilfe nicht erkennbar.	Lassen Sie Ihre Stimmhilfe nachsprechen oder machen Sie eine Bandaufnahme, damit Sie die Betonung hören.
Die Stimme ist zu leise oder wird nicht benutzt.	Die Hilfe fehlt, das Pferd reagiert nicht wie gewünscht.	Lassen Sie sich von einem Außenstehenden korrigieren.
Die Longe hängt durch.	Kein Einwirken auf das Pferd möglich.	Siehe Verbessern der Anlehnung (Seite 49).
Die Verbindung ist zu stramm.	Kein weiches Einwirken, Pferd verwirft sich im Genick, lösende Arbeit nicht möglich.	Siehe Verbessern der Anlehnung (Seite 49).
Die Hand wirkt rückwärts, ist fest, steif oder wird zu hoch gehalten.	Das Pferd findet keine weiche Verbindung, die Anlehnung geht verloren.	Korrigieren Sie den Longenarm. Lassen Sie sich von einer anderen Person helfen.
Die Peitsche ist zu kurz.	Das Pferd wird nicht erreicht.	Niemals den Zirkel verkleinern. Es hilft nur eine ausreichend lange Peitsche.
Peitsche auf den Boden legen.	Verletzungsgefahr; die Peitsche kann zerbrechen.	Behalten Sie die Peitsche auch beim Handwechsel unter Kontrolle.
Lautes Knallen mit der Peitsche.	Uneffektiv, dosiertes Treiben ist unmöglich.	Die Peitsche aus der richtigen Stellung heraus abziehen, anschließend nicht zurückziehen (es knallt).
Das Touchieren wird nicht beherrscht.	Pferd erkennt schnell, ob man touchieren kann. Der Respekt geht verloren, keine treibende Einwirkung möglich.	Das Touchieren mit einer Dose auf der Bande üben, üben, üben!

Die verschiedenen Hilfszügel

Wollen Sie ein Pferd effektiv arbeiten, ist der Gebrauch eines Hilfszügels unbedingt erforderlich.

Alle Hilfszügel haben ihre Vor- und Nachteile. Einige sind auch für nicht so erfahrene Reiter geeignet, andere sollten nur von einem Fachmann verwendet werden. Grundsätzlich gilt aber: Ein Hilfszügel ist immer nur so gut wie derjenige, der ihn anwendet.

Sehr wichtig ist, dass die Hilfszügel korrekt verschnallt werden. Die Verschnallung kann sich von Tag zu Tag, aber auch innerhalb einer Arbeitsstunde mehrfach ändern. Zum Lösen des Pferdes wird der Zügel beispielsweise länger verschnallt als für die weitere gymnastizierende Arbeit.

Macht man sich darüber Gedanken und longiert nicht immer »dritter Ring, viertes Loch«, ist der erste Schritt für erfolgreiches Longieren getan.

Die Stirn-Nasen-Linie ist vor der Senkrechten und das Genick der höchste Punkt.

Die Länge kontrollieren

Kontrollieren Sie vor dem Herauslongieren (dem Herauslassen des Pferdes auf den Zirkel) immer, ob die Hilfszügel die richtige Länge haben. Stellen Sie sich dazu vor das Pferd und greifen Sie mit den Fingern rechts und links an die Gebissstücke. Spannen Sie beide Zügel gleich stramm an: Ist das Genick der höchste Punkt, muss die Stirn-Nasen-Linie vor der Senkrechten stehen. Kontrollieren Sie die Zügel immer mit gestreckten Armen, so können Sie Verletzungen (z.B. durch Schlagen des Pferdekopfes) vermeiden. Auf diese Weise wird auch die gleiche Länge beider Zügel überprüft, wie z.B. für die lösende Arbeit, oder der Grad der Innenstellung z.B. für das Arbeiten auf kleineren Zirkeln. Auf jeden Fall wird das Pferd nie nach außen gestellt.

Ob die Verschnallung korrekt ist, erkennen Sie in der Gangart, in der Sie hauptsächlich arbeiten. Deshalb macht es wenig Sinn, wenn Sie die Hilfszügel für die Trabarbeit bewerten, solange das Pferd Schritt geht. Haben Sie den Eindruck, die Hilfszügel seien zu kurz, zu lang, zu hoch oder zu tief angebracht, korrigieren Sie dies sofort, denn das Arbeiten mit falsch verschnallten Zügeln schadet mehr, als es nutzt.

Die optimale Zügellänge kann sich ständig ändern und muss immer an den momentanen Zustand des Pferdes angepasst werden. Wird mit den Hilfszügeln zu eng ausgebunden, bringt das höchstens Scheinerfolge. Das Pferd verspannt sich mehr, als dass es sich löst. Nur bei korrekter und reeller Arbeit stellen sich dauerhafte Erfolge ein.

Andererseits bringt ein zu langer Zügel auch keinen Erfolg, weil das Pferd ohne Anlehnung und nicht durch das Genick geht.

!

Beachte:

Achten Sie während der gesamten Arbeit mit dem Pferd auf die richtige Verschnallung der Hilfszügel (in Höhe und Länge).

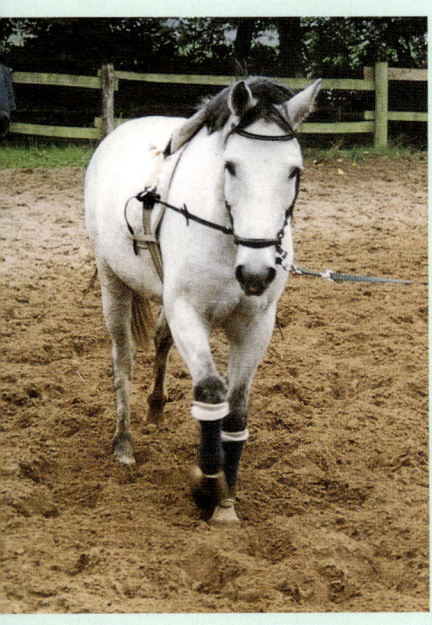

Teilweise werden die Pferde auch zu hoch ausgebunden. Die maximale Höhe der Verschnallung wird aber immer von der Aktivität der Hinterhand vorgegeben. Man kann kein Pferd nur durch Hochbinden der Hilfszügel reell aufrichten.

Es würde den Rahmen dieses Buches sprengen, wollte man die verschiedensten Arten von Hilfszügeln, Longeneinschnallungen und Longiermethoden beschreiben.

Das Pferd ist mit dem Zügel nach außen gestellt worden.

 **Beachte:**

Bevor Sie eine Methode imitieren, sollten Sie sich Gedanken darüber machen, ob sie Ihrem eigenen Können und dem Ausbildungsstand des Pferdes entspricht.

Der Laufferzügel

Der Laufferzügel ist für das Longieren am besten geeignet. Er besteht aus zwei Lederriemen mit einer Schnalle an jedem Ende, wovon eine in der Länge verstellbar ist. Die kurze Schnalle wird seitlich in einen tiefen Ring oder um den Longiergurt geschnallt. Der Zügel wird durch den Gebissring gezogen und seitlich wieder befestigt. So entsteht ein Dreieck, das in der Höhe

Der Laufferzügel als tiefes Dreieck verschnallt zum Lösen des Pferdes.

Das zu große Dreieck beim Dreieckszügel. Der Zügel ist zu lang verschnallt.

variiert werden kann. Dieses Dreieck darf aber nicht zu groß sein, da es sonst keine eindeutige Wirkungsrichtung mehr hat. Der Laufferzügel ist je nach Verschnallung zum Lösen eines Pferdes ebenso geeignet wie für die Verbesserung von Anlehnung und Fleiß des Pferdes.

Das Pferd kann an diesem Zügel vorwärts-abwärts in die Dehnungshaltung gleiten, ohne mit der Stirn-Nasen-Linie hinter die Senkrechte zu fallen. Dies ist ein großer Vorteil. Zusätzlich bietet der Laufferzügel eine gute seitliche Führung, denn er ist starr und gibt nicht nach wie ein Zügel aus Gummi.

Der einfache Ausbinder

Der einfache Ausbinder ist der am weitesten verbreitete Hilfszügel. Dieser Lederriemen hat am einen Ende einen Haken, am anderen eine verstellbare Schnalle. In der Mitte ist häufig zusätzlich ein Gummiring eingearbeitet. Der Ausbinder hat einige mit dem Laufferzügel vergleichbare Vorteile: Er bietet eine gute seitliche Begrenzung und ist ein starrer Zügel. Sein entscheidender Nachteil ist, dass er zwar eine Abwärts-, aber dabei keine Vorwärtsbewegung des Pferdekopfes zulässt. Will sich das Pferd nach vorn dehnen, wird es begrenzt und fällt mit der Stirn-Nasen-Linie hinter die Senkrechte.

Der einfache Ausbinder im Galopp: Das Pferd ist in der natürlichen Arbeitshaltung (links). Das Pferd fällt hinter die Senkrechte (rechts).

Der Dreieckszügel

Oben: Hier wirkt der Dreieckszügel richtig. Rechts: Das ist keine Dehnungshaltung.

Hier wird der Laufferzügel zwischen den Vorderbeinen verschnallt und läuft durch die Gebissringe seitlich zum Gurt. Damit bildet er ein Dreieck vergleichbar mit dem des Laufferzügels. So verschnallt wird er auch Wienerzügel genannt.

Gegenüber dem Laufferzügel hat der Dreieckszügel zwei entscheidende Nachteile: Erstens ist die seitliche Führung des Pferdes nur wenig gegeben, so dass es über die Schulter nach außen drängen kann. Zweitens kann man häufig beobachten, dass Pferde mit dem Dreieckszügel in der Dehnungshaltung zu tief kommen. Der Gebrauch des Laufferzügels ist deshalb vorzuziehen.

Die Zügel als einfacher Ausbinder

Anstelle des einfachen Ausbinders können Sie auch die Zügel der Trense, wenn sie lang genug sind, seitlich am Longiergurt verknoten.

Zur Verwendung von Laufferzügel, Ausbinder und Dreieckszügel:

● Änderungen der Zügel um ein paar Zentimeter in der Höhe können sehr viel bewirken. Gehen Sie hier vorsichtig und eventuell schrittweise vor.

● Hat der Hilfszügel nicht die richtige Länge, müssen Sie nach geeigneten Lösungsmöglichkeiten suchen. Einen zu langen Zügel können Sie z. B. am Gurt verknoten, einen zu kurzen Zügel mit einem Sporenriemen verlängern.

● Wenn an der für den Hilfszügel optimalen Stelle kein Ring vorhanden ist, müssen Sie den Zügel eventuell unter dem Gurt hindurchziehen.

Links: Trensenzügel seitlich verschnallt. Rechts: Verschnallen ohne Ringe. Wenn der Zügel rutscht, wickelt man ihn um den Gurt.

Das Pferd lösen

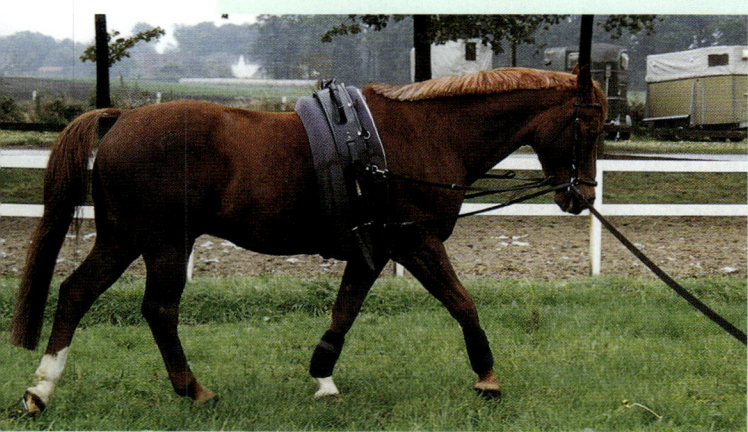

Egal ob ein Pferd geritten werden soll, man es an diesem Tag ausschließlich longiert oder ob es eine Longenstunde geht: Das korrekte Lösen des Pferdes ist die Grundvoraussetzung für eine erfolgreiche Arbeit. Es kann unter Umständen sogar das Ziel einer ganzen Arbeitsstunde sein, etwa bei jungen und unerfahrenen Pferden.

Die Laufferzügel sind für den Schritt ausreichend lang.

Schrittarbeit gegen Verspannungen

Beginnen Sie grundsätzlich jede Arbeitsstunde, egal ob Sie reiten oder longieren, mit mindestens zehn Minuten Schrittarbeit. Dabei lösen sich die ersten Verspannungen des Pferdes, und es bildet sich Gelenkflüssigkeit. Sofortige Trab- oder Galopparbeit würde den Gelenken des Pferdes schaden!
Sollte ein Pferd an der Longe während dieser Schrittarbeit dazu tendieren, zu rennen oder zu buckeln, führen Sie es am besten im Schritt und legen ihm sofort den Hilfszügel an. Sonst riskieren Sie, dass sich das Pferd verletzt, denn seine Muskeln sind noch nicht erwärmt.

Anschließend legen Sie den Hilfszügel, am besten einen Laufferzügel an. Er wird als seitliches tiefes Dreieck gleich lang und so verschnallt, dass das Pferd im Trab mit der Stirn-Nasen-Linie vor der Senkrechten steht.

So wird sich kein Pferd lösen.

Wichtig: Grundsätzlich können Sie kein Pferd mit einem Hilfszügel herunterzwingen. Wird es zu tief oder zu eng ausgebunden, verspannt es sich mehr, als es sich löst. Andererseits ist aber auch das »Laufenlassen« ohne Hilfszügel verschenkte Zeit und bringt kaum Erfolge.

Die Arbeit beginnt man auf der Hand, auf der das Pferd am besten geht.

Das Pferd wird in längeren Trabphasen gelöst, wobei es fleißig vorantraben soll und so seinen Takt findet. Die Trabtritte sind gleichmäßig und raumgreifend, aber nicht eilig.

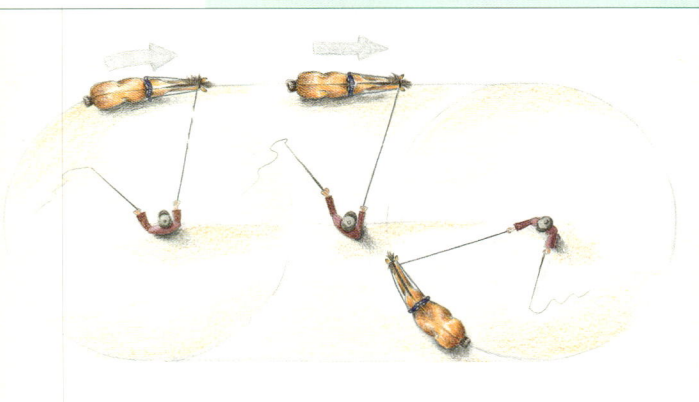

Den Zirkel verlagern.

Verlagern des Zirkels

Eine gute Lektion zum Lösen ist das Verlagern des Zirkels. Hier gilt: entweder gehen oder stehen!

Normalerweise steht man beim Longieren auf einer Stelle. Wollen Sie den Mittelpunkt des Zirkels verlagern, gehen Sie mehrere Meter parallel zum Pferd mit ihm mit. Besonders wichtig ist dabei, dass Sie auf einer geraden Linie mit zügigen Schritten gehen. Pferde sind Imitationslerner, das heißt, sie reagieren auf energisches Antreten des Reiters ebenfalls mit kräftigem Antritt.

Wenn Sie nun stehen bleiben, geht das Pferd weiter geradeaus, und die Anlehnung wird verbessert. Das Pferd muss sich auf den Reiter konzentrieren und tritt durch diese Lektion vermehrt an die Hand.

Nach wenigen Minuten können Sie die Arbeit mit einigen Gangartwechseln fortsetzen. Anfangs wird zum Schritt durchpariert und wieder angetrabt. Bei den anschließenden Wechseln zum Galopp wird die gesamte Oberlinie des Pferdes weiter aktiviert und gymnastiziert. Nach ein bis zwei Runden Galopparbeit wird wieder durchpariert, da zu langes Galoppieren das Pferd nur ermüden würde.

Fällt dem Pferd das fleißige Traben anfangs schwer, weil es zu verspannt ist, kann es schon nach kurzer Zeit im Galopp gearbeitet werden. Hierbei wird die Rückentätigkeit mehr gefördert als im schwunglosen Trab.

Je mehr das Pferd gelöst ist, desto abwechslungsreicher folgen die Lektionen. Durch Gangartwechsel mit Anhalten, Schritt, Trab und Galopp sowie das Verlagern des Zirkels wird das Pferd weiter gelöst. Die Hand wird etwa alle zehn Minuten gewechselt.

Im Laufe dieser Arbeit können Sie das Pferd durch leichtes Verkürzen des inneren Zügels auf die Zirkellinie einstellen. Bei jedem Handwechsel muss der Zügel dann natürlich umgestellt werden.

Links: Energische Schritte beim Zulegen im Trab. Unten: Das Pferd in Dehnungshaltung, die Maulspalte in Höhe Buggelenk.

Ein gelöstes Pferd können Sie am Abschnauben, am Kauen und an der zufriedenen Mimik erkennen. Es geht fleißig voran, beginnt sich am Laufferzügel vorwärts-abwärts zu dehnen, trägt den Schweif frei, und sein Rücken schwingt locker.

Läuft das Pferd allerdings mit der Nase über dem Boden, ist das keinesfalls die reelle Dehnungshaltung.

Feste Pferde

Bei besonders »festen« Pferden ist die abwechslungsreiche Arbeit im fleißigen Tempo sehr wichtig. Denn dabei wird die Hinterhand aktiviert und das Pferd so von hinten nach vorn gelöst.

In jeder Runde folgt eine neue Lektion. Auch zweifache Gangartwechsel, also vom Halten direkt zum Trab oder vom Schritt direkt in den Galopp, fordern das Pferd.

Die schlackernden Bügel tragen dazu bei, dass das Pferd zu eilig ist.

Weiterführende Arbeit

Mit Gangart- und Tempowechseln sowie dem Verlagern des Zirkels können Sie das Pferd abwechslungsreich gymnastizieren. Die Art der Arbeit richtet sich nach dem jeweiligen Pferd. So können Sie z.B. nach dem Lösen die Anlehnung an die Longe und die Hilfszügel verbessern oder die Hinterhand des Pferdes aktivieren. Immer aber bringen Sie das

Beachte:

Bleiben die Fortschritte trotz intensiver Arbeit aus, sollten Sie unbedingt den Rat einer erfahrenen Person einholen. Vielleicht liegt das Problem woanders als vermutet, oder Sie selbst reagieren falsch oder sind nicht energisch genug.

Pferd in der Ausbildung weiter oder korrigieren eventuelle Mängel, die sich im Laufe der Zeit eingeschlichen haben. In diesem Kapitel soll beschrieben werden, welche Ziele Sie mit der Arbeit an der Longe erreichen können.

Arbeiten mit eiligen Pferden

Wie bereits erwähnt, ist das Ziel der Longenarbeit ein zufriedenes, gelöstes und fleißig gehendes Pferd, das auf die Hilfen des Reiters reagiert. Bei eiligen Pferden erreichen Sie dieses Ziel nicht. Eilige Pferde sind entweder jung oder haben schlechte Erfahrungen im Umgang mit Menschen gemacht. Sie regen sich schnell auf oder rennen nur.

Doch auch der Charakter eines Pferdes hängt damit zusammen. Manche Pferde sind besonders lebhaft, charakterstark oder bequem und wollen sich durch Wegrennen der Arbeit entziehen. In all diesen Fällen wird die innere Losgelassenheit nicht erreicht und ein Weiterkommen in der Ausbildung wird verhindert. Hier hilft nur eines: sehr viel Geduld und vertrauensbildende Arbeit. Mit Gewalt kommt man bei Pferden nicht weiter. Man muss »die Ruhe selbst« sein und immer kontrolliert sprechen, reagieren und auftreten.

Oft rennen Pferde schon beim Hinauslassen der Longe los und galoppieren Runde um Runde, ohne dass man einen Einfluss darauf hätte. Sollte Ihnen dies passieren, achten Sie vor allem darauf, dass Sie und Ihr Pferd sich nicht verletzen. Konkret bedeutet das: Legen Sie einen großen Zirkel an, longieren Sie am besten an der Bande entlang und lassen Sie das Pferd erst einmal laufen. Reißen Sie dabei nicht an der Longe, wedeln Sie nicht mit der Peitsche und schreien Sie nicht, denn dadurch wird das Pferd nur noch nervöser. Mit beruhigenden Stimmhilfen wird es irgendwann Traben und schließlich auch Schritt gehen.

Wissen Sie bereits im Voraus, dass Ihr Pferd zu Beginn einer Arbeitsstunde so reagiert, sollten Sie es auf jeden Fall erst zehn Minuten Schritt führen. Und legen Sie sofort einen Hilfszügel an, damit Sie das Pferd besser kontrollieren können. Grundsätzlich können Sie jedem Pferd beibringen, die erste Zeit an der Longe im Schritt zu gehen, egal wie kalt es ist oder wie lange es vorher gestanden hat. Dies ist eine Frage der Erziehung und des Gehorsams.

Bewegen Sie das Pferd bei der weiteren Arbeit dann in einem ruhigen Trabtempo. So findet es die innere Losgelassenheit schneller. Die Übergänge zum Schritt bieten sich dabei besonders an, weil das Pferd so immer wieder im Tempo zurückkommen muss. Erst wenn ein gewisses Maß an Ruhe erreicht ist, kann mit der Galopparbeit weiter gearbeitet werden. Einer fleißigen Galopprunde folgt dann wieder der eher ruhige Trab.

!

Beachte:

Ein Pferd, das rennt, löst sich nicht.

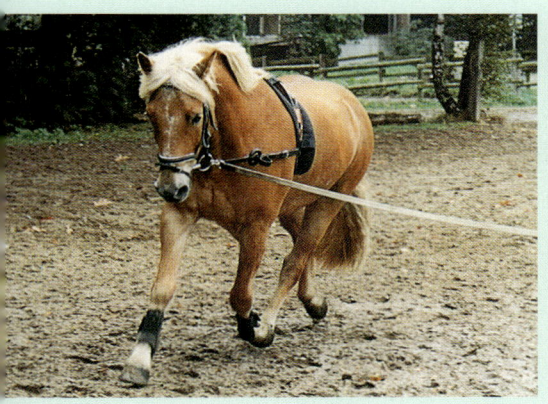

Das A und O bei der Arbeit mit nervösen und schnell ablenkbaren Pferden ist die Abwechslung. Wenn Pferde sensibel reagieren, dürfen Sie auf gar keinen Fall in der Mitte stehen und nichts tun. Sie müssen die Pferde so beschäftigen, dass für Ablenkung keine Zeit bleibt. Agieren Sie dabei ruhig, aber konsequent, damit das Pferd Vertrauen fasst.

Ein zufriedenes Pferd.

Verbessern der Anlehnung

Unter einer korrekten Anlehnung versteht man die ständige, gleichmäßige Verbindung zwischen Pferdemaul und Hilfszügel bzw. der Hand des Reiters. Anlehnung bedeutet aber nicht Stütze; das Pferd soll die Longe nicht als »fünftes Bein« benutzen. Genau wie beim Reiten kann man bei einer zu festen Verbindung oder einer durchhängenden Longe nicht einwirken. Auch die Hilfszügel hängen korrekterweise nicht durch, und das Pferd stützt sich nicht auf ihnen ab.

Wenn das Pferd nach außen zieht

In diesem Fall wird die Anlehnung an die Longe gestört. Wenn ein Pferd nach außen zieht, kann dies verschiedene Ursachen haben.

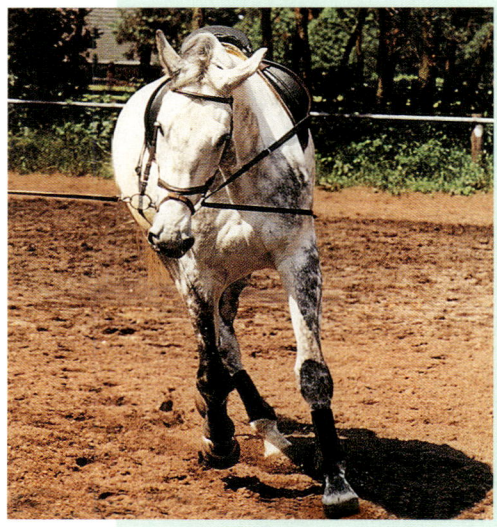

Das Pferd ist im Genick verstellt.

! Beachte:

Nicht das Pferd zieht, sondern der Reiter dagegen. Nehmen Sie die Longe an und geben Sie wieder nach. Longieren Sie an einer Abgrenzung entlang, an der Sie zum Nachgeben kommen. An offenen Seiten bereiten Sie das Pferd früh genug auf das Abwenden vor und ziehen es nicht im letzten Moment herum.

Pferde balancieren sich beim Gehen normalerweise mit Kopf, Hals und Schweif aus. Erst im Laufe der Ausbildung lernen sie, dies mit der Hinterhand zu tun. Auf einem Zirkel von 13 Metern Durchmesser können junge Pferde noch nicht rund gehen. (Von einem jungen Pferd spricht man auch, wenn es bereits sechs oder sieben Jahre alt, aber in der Ausbildung noch nicht so weit ist.) Bei jungen Pferden muss das Gleichgewicht erst noch geschult und die Muskulatur der Hinterhand gestärkt werden. Diese Pferde haben Probleme, sich zu biegen, und ziehen deshalb nach außen, denn es fällt ihnen wesentlich leichter, geradeaus zu gehen.

Eine weitere mögliche Ursache ist, dass das Pferd die Longe als Stütze gebraucht, um sich auszubalancieren. Meistens zieht der Reiter dann dagegen und beginnt zu kämpfen – und darin liegt der Fehler.

In diesem Fall hilft nur weiches Annehmen und schnelles Nachgeben. So lernt das Pferd, die Longe nicht als Stütze zu missbrauchen.

Es ist auf jeden Fall sinnvoll, wenn Sie ein nach außen ziehendes Pferd an einer Abgrenzung entlang longieren. Besonders geeignet ist in diesem Fall die Bande einer Reithalle. Im Laufe der Arbeitsstunde löst sich das Pferd, es fällt ihm leichter, auf dem Zirkel zu gehen. Jetzt können Sie schrittweise auf die Abgrenzung verzichten, indem Sie nur noch in einer Ecke longieren. Bereiten Sie das Pferd an der offenen Seite des Zirkels schon frühzeitig auf das Abwenden vor, indem Sie die Longe annehmen und das Pferd leicht nach innen stellen. Beim Abwenden führen Sie es durch weiches, aber deutliches Annehmen und Nachgeben der Longe auf dem Kreisbogen wieder zur geschlossenen Bande. Konsequente und abwechslungsreiche Arbeit gymnastiziert das Pferd weiter, ein Longieren ohne Ziehen wird möglich.

Wenn das Pferd in den Zirkel drängt

Bei Pferden, die ständig in den Zirkel drängen, geht die Verbindung zum Pferdemaul verloren, weil die Longe durchhängt. Solche Pferde besitzen nur wenig Vertrauen zur Longenhand oder wollen sich auf diese Weise den Hilfen entziehen.

Drängt das Pferd in den Zirkel, kann man dies durch konsequentes Verlagern verbessern.

Beachte:

Respekt bedeutet nicht Angst. Sie können den Respekt eines Pferdes nur erhalten, wenn Sie das Pferd konsequent und gerecht sanktionieren, aber nicht schlagen.

Kontrollieren Sie, ob das Pferd zu sehr nach innen gestellt ist und die Verschnallung der Hilfszügel korrigiert werden muss.

Wenn Sie das Pferd an die Hand bekommen wollen, nützt es nichts, die Peitsche nur Richtung Kopf oder Schulter zu halten oder damit wild herumzuschlagen. Sie müssen die Anlehnung erarbeiten.

Voraussetzung dafür ist, dass das Pferd genügend Respekt vor der Peitsche hat. Ob dies so ist, können Sie feststellen, indem Sie die Peitsche weit hinter dem Pferd senken und es dabei mit der Stimme auffordern: Jetzt sollte es kräftig antreten. Tut es dies nicht, wird es dafür mit Stimme und Peitsche sanktioniert. Bringt man dem Pferd diesen Respekt bei, löst sich das Problem der fehlenden Anlehnung oft von selbst.

Auch das Verlagern des Zirkels ist eine sehr gute Möglichkeit, die Anlehnung an die Hand zu verbessern. Dies macht man günstigerweise im Trab, weil das Pferd dort am besten ausbalanciert ist. Wird der Zirkel ein wenig verkleinert und anschließend mit heraustreibenden Hilfen wieder vergrößert, lernt das Pferd, die Anlehnung an die Longe selbst zu suchen. Bei einer weichen Hand wird die Verbindung so immer stetiger.

Kommt das Pferd immer nur an einer bestimmten Stelle nach innen, sollten Sie die Ursache dafür suchen und beseitigen oder das Pferd schnuppern lassen, so dass es sich an diese Störung gewöhnt. Loben Sie das Pferd dabei ausreichend.

Verbessern von Fleiß und Gehfreude

Pferde sollen, egal ob beim Reiten oder Longieren, fleißig vorangehen. Denn bei der vermehrten Gewichtsaufnahme der Hinterhand im fleißigen Tempo wird die Vorhand entlastet, und die Pferde bleiben länger gesund.

Häufig kann man beobachten, dass Pferde an der Longe schwunglos, triebig und faul sind. In diesem Fall sollten Sie zunächst ausschließen, dass falsche Fütterung, gesundheitliche Probleme oder Überlastung des Pferdes die Ursache dafür sind.

Zum Aktivieren des Pferdes bestens geeignet.

Beachte:

Aktivierung und Sensibilisierung des Pferdes müssen im Trab oder Galopp erfolgen, im Schritt stumpft das Pferd nur ab.

Liegt es allerdings am fehlenden Respekt vor der Peitsche, müssen Sie das Pferd wieder für die treibenden Hilfen sensibilisieren. Achten Sie dabei aber darauf, dass es nicht durch dauerndes Touchieren mit der Peitsche oder ständiges Rufen und Schnalzen abstumpft.

Idealerweise longieren Sie dabei an einer Abgrenzung entlang, an der das Pferd nicht ausweichen kann. Reagiert es auf das Senken der Peitsche und mehrfaches Schnalzen nicht mit energischem Antreten, wird es mehrfach am Hinterbein touchiert und mit deutlicher Stimme getrieben, bis es richtig reagiert. Dafür wird das Pferd dann gelobt. Ein eventuelles Angaloppieren aus dem Trab ist hierbei eine gewünschte Reaktion auf die treibenden Hilfen und kein Ungehorsam.

Entscheidend ist die entsprechende Reaktion des Pferdes auf die gleichzeitigen Stimm- und Peitschenhilfen. Auf energisches Treiben muss auch energisches Antreten folgen.

Sorgen Sie für Abwechslung bei Tempo und Gangart oder longieren Sie auf Außenplätzen oder über Bodenricks. Dadurch wird das Pferd aktiviert, gewinnt an Gehfreude, wird sensibler, und Sie können es zunehmend mit feineren Hilfen longieren.

Doppellonge

Die Arbeit mit der Doppellonge ist neben dem Reiten sicherlich die effektivste Art, ein Pferd zu gymnastizieren. Der Umgang damit ist aber sehr schwierig, so dass man sagen muss: lieber gut an der einfachen Longe gearbeitet als schlecht an der Doppellonge. Das Thema Doppellonge wird in dem Buch „Longieren", erschienen im BLV Verlag, eingehend beschrieben.

Auf einen Blick

Longieren

Die Longe

● Die Longe in den inneren Gebissring einhaken.

● Die Longe immer aus der Hand herauslassen, in die sie aufgenommen wurde. Dies gilt auch bei einem Handwechsel.

● Der Oberarm der Longenhand liegt am Oberkörper an. Der Unterarm bildet eine Linie mit der Longe und wirkt leicht nachgebend. Die Longe über den Zeigefinger herausführen und mit dem Daumen festhalten.

Die Peitsche

● Je leiser der Umgang mit der Peitsche, desto besser. Peitschenknallen wirkt störend und ist uneffektiv.

● Die Peitsche im Winkel von ca. 45 Grad nach oben weit hinter dem Pferd halten.

● Die Peitsche nie auf den Boden legen.

Der Handwechsel

● Den Handwechsel immer in der Mitte der Bahn ausführen.

Der richtige Ort zum Longieren

● Der ideale Ort zum Longieren: ebener Boden, korrekte Abgrenzung, geeignete Umgebung und passende Größe.

● Der Zirkeldurchmesser sollte mindestens 14 Meter betragen.

Stellen Sie die Peitsche niemals an das Pferd und werfen Sie die Longe nicht auf den Boden!

Einige praktische Tipps

● Gestalten Sie die Arbeit an der Longe abwechslungsreich.

● Stehen Sie in der Grundstellung mit der Schulterachse parallel zum Pferd.

● Entweder stehen Sie auf der Stelle oder gehen mit großen Schritten auf einer geraden Linie parallel zum Pferd mit ihm mit.

● Die maximale Longierzeit richtet sich grundsätzlich nach dem momentanen Zustand des Pferdes.

● Wechseln Sie etwa alle zehn Minuten die Hand.

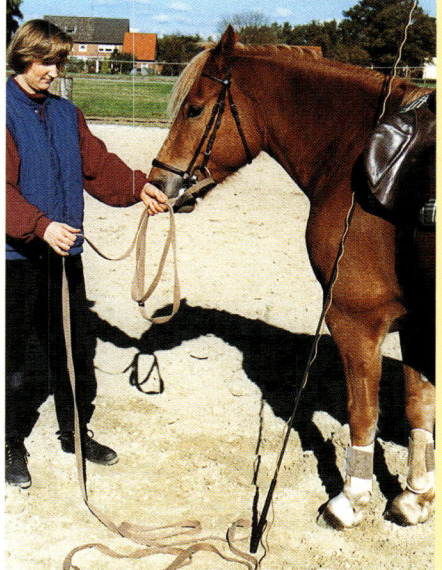

Zu Ihrer Sicherheit

● Tragen Sie beim Longieren Handschuhe, legen Sie alle Ringe ab.

● Festes Schuhwerk ist unverzichtbar, Jacken werden geschlossen.

● Ausrüstungsgegenstände, vor allem Peitsche und Longe, nie auf den Boden legen.

● Die Longe korrekt aufnehmen, dann erst in den Gebissring einhaken.

● Halten Sie neben der Sicherheitsschlaufe stets eine weitere Schlaufe in der Hand.

● Die erste Schlaufe beim Aufnehmen der Longe reicht bis knapp unterhalb des Knies. Die weiteren Schlaufen werden jeweils etwas kürzer aufgenommen, damit sich die Longe nicht verknotet.

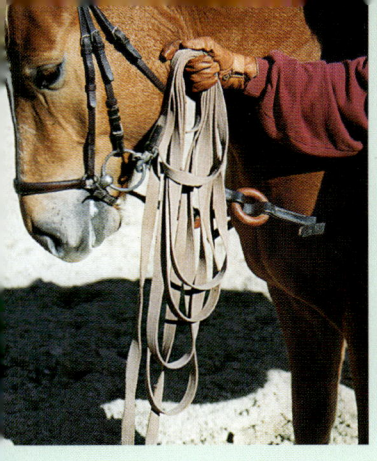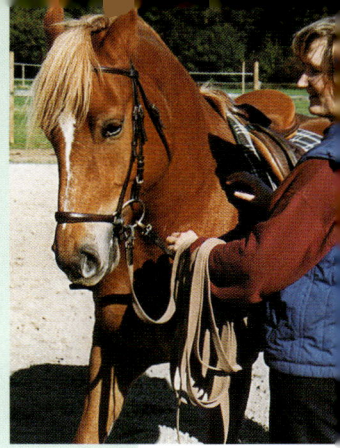

Links: So gehalten kann man die Longe jederzeit problemlos herauslassen.
Mitte: Springt das Pferd zur Seite, wird sich die Longe um die Hand zu einem Knoten zusammenziehen.
Rechts: Auch eine gefährliche Unsitte.

● Beim Betreten und Verlassen der Bahn sind die Hilfszügel nicht angelegt.

● Beim Führen des Pferdes die Longe so in der Hand halten, dass Sie sie jederzeit widerstandsfrei herauslassen können.

● Tragen Sie beim Longieren keine Sporen.

● Immer nur in der Mitte der Bahn am Pferd hantieren, damit es Sie nicht an die Bande drücken kann.

● Beim Hantieren am Pferd die Longe nicht über den Arm legen.

Korrekte Hilfengebung

● Die drei Hilfen beim Longieren sind: Stimme, Longe und Peitsche.

● Das Zusammenwirken der Hilfen (Zeitpunkt und Dosierung) muss stimmen.

● Für jeden Übergang von Gangart und Tempo stets dieselben Hilfen geben.

● Reagiert das Pferd nicht, die Hilfe energischer und konsequenter wiederholen.

● Vor jedem Wechsel von Gangart oder Tempo das Pferd mit einer Longen-

und einer Stimmhilfe aufmerksam machen, dann das Ausführungskommando geben.

- Das Pferd nie mit einer Hilfe überfallen.

Stimmhilfen

- Tonfall und Lautstärke der Stimme sind von entscheidender Bedeutung: Der Tonfall muss energisch, die Stimme bestimmt sein.
- Beim Longieren werden folgende Kommandos benutzt: »Steh«, »Scheritt«, »Terab« und »Galopp«.
- Mit »Brrr« oder Schnalzen kann das Pferd in einer Gangart zurückgenommen oder aufgefordert werden.

Longenhilfen

- Es gibt annehmende, nachgebende und verwahrende Longenhilfen.
- Wichtig ist die weiche Hand.

Peitschenhilfen

- Treiben heißt nicht treffen. Auch dosiertes Treiben ist möglich.

Peitschensymbolik

Hinter dem Pferd senken:	Gangartwechsel nach oben
Parallel zur Longe senken:	Gangartwechsel nach unten
Erhoben weiter hinter das Pferd führen:	Tempo verstärken
Erhoben in Richtung Kopf führen:	Pferd beruhigen
Von weit hinten in Richtung Hinterhand werfen:	Heraustreiben

Die Hilfszügel

● Ein Hilfszügel ist immer erforderlich.

● Achten Sie während der Arbeit mit dem Pferd auf die richtige Verschnallung der Hilfszügel (in Höhe und Länge): Sie kann sich von Tag zu Tag und auch innerhalb einer Stunde mehrfach ändern.

● Kontrollieren Sie die richtige Länge der Hilfszügel stets vor dem Herauslongieren.

● Ob die Verschnallung korrekt ist, erkennen Sie in der Gangart, in der hauptsächlich gearbeitet wird.

● Das zu enge Ausbinden mit den Hilfszügeln bringt nur Scheinerfolge.

● Kein Pferd lässt sich nur durch Hochbinden der Hilfszügel reell aufrichten.

● Imitieren Sie Hilfsmittel und Methoden nicht. Versuchen Sie abzuschätzen, ob diese Ihrem Können und dem Ausbildungsstand des Pferdes entsprechen.

Grundsätzlich gilt:

● Änderungen der Zügel um ein paar Zentimeter in der Höhe können sehr viel bewirken.

● Das Verändern der Hilfszügel darf sich nicht nur an den Ringen am Longiergurt orientieren. Ziehen Sie den Zügel eventuell unter dem Gurt hindurch.

● Hat der Hilfszügel für das Pferd nicht die richtige Länge, muss man sich etwas einfallen lassen, um die korrekte Länge zu erhalten.

Vor- und Nachteile
verschiedener Hilfszügel

Art des Zügels	Vorteile	Nachteile
Laufferzügel	● Das Pferd kann in die Dehnungshaltung gleiten, ohne mit der Stirn-Nasen-Linie hinter die Senkrechte zu fallen. ● Gute seitliche Führung. ● Gibt nicht nach wie ein Zügel aus Gummi.	
Einfacher Ausbinder/Zügel der Trense seitlich verschnallt	● Gute seitliche Führung. ● Gibt nicht nach wie ein Zügel aus Gummi.	● Ermöglicht zwar eine Abwärts-, aber keine Vorwärtsbewegung des Pferdekopfes.
Dreieckszügel	● Das Pferd kann in die Dehnungshaltung gleiten, ohne mit der Nasen-Stirn-Linie hinter die Senkrechte zu fallen. ● Gibt nicht nach wie ein Zügel aus Gummi.	● Seitliche Führung nur wenig gegeben. ● Die Pferde kommen häufig zu tief.

Das Pferd lösen

Das korrekte Lösen ist Grundvoraussetzung für eine erfolgreiche Arbeit mit dem Pferd.

● Der Laufferzügel eignet sich am besten zum Lösen.

● Laufen lassen ohne Hilfszügel bringt kaum Erfolge.

● Grundsätzlich kann man ein Pferd nicht mit einem Zügel herunterzwingen.

● Jede Arbeitsstunde beginnt man mit mindestens zehn Minuten Schrittarbeit auf der Hand, auf der das Pferd am besten geht.

● Es folgen längere Trab-Phasen.

● Dann Gangartwechsel: Schritt – Trab – Galopp, dabei nicht mehr als ein bis zwei Runden Galoppieren.

● Die Hand wird etwa alle zehn Minuten gewechselt.

● Im Laufe der Arbeit wird das Pferd durch leichtes Verkürzen des inneren Zügels auf die Zirkellinie eingestellt. Bei jedem Handwechsel muss der Zügel dann umgestellt werden.

Beachte:

Daran erkennen Sie ein gelöstes Pferd:

● Dehnungshaltung vorwärts-abwärts.
● Der Rücken schwingt.
● Das Pferd geht fleißig voran.
● Abschnauben.
● Kauen.
● Zufriedene Mimik.
● Der Schweif wird frei getragen.

Weiterführende Arbeit

● Setzen Sie sich ein Ziel, nach dem sich die Art der weiteren Arbeit richtet.

● Der Laufferzügel eignet sich besonders zum Gymnastizieren des Pferdes, das Dreieck wird eventuell höher verschnallt.

● Das Pferd wird dabei durch das Verkürzen des inneren Zügels auf die Zirkellinie eingestellt.

Arbeiten mit eiligen Pferden

● Bei eiligen Pferden hilft nur Geduld und vertrauensbildende Arbeit. Mit Gewalt kommt man bei Pferden nicht weiter.

● Reagiert das Pferd am Anfang der Arbeitsstunde heftig, legen Sie sofort einen Hilfszügel an und führen es zehn Minuten Schritt.

● Die Übergänge zum Schritt bieten sich besonders an, weil das Pferd so immer wieder im Tempo zurückkommen muss.

● Arbeiten Sie abwechslungsreich und konsequent.

Verbessern der Anlehnung an die Longe

Unter einer korrekten Anlehnung versteht man die ständige, gleichmäßige Verbindung zwischen Pferdemaul und Longe bzw. Hilfszügel.

Wenn das Pferd nach außen zieht

● Der Fehler: Nicht das Pferd zieht, sondern der Reiter dagegen. Es hilft: annehmen und nachgeben.

● Longieren Sie anfangs an allen Seiten an einer Begrenzung entlang.

● Bereiten Sie das Pferd früh genug auf das Abwenden vor, ziehen Sie es nicht im letzten Moment herum.

Wenn das Pferd in den Zirkel drängt

● Korrigieren Sie eine eventuell zu deutliche Innenstellung.
● Lehren Sie das Pferd den Respekt vor der Peitsche.
● Verlagern Sie den Zirkel, das verbessert die Anlehnung an die Hand.
● Verkleinern und vergrößern Sie den Zirkel.

Verbessern von Fleiß und Gehfreude

● Vermeiden Sie beim Longieren dauerndes Schlagen mit der Peitsche, Schnalzen und Rufen; die Pferde stumpfen dadurch ab.
● Aktivierung und Sensibilisierung des Pferdes erfolgen in Trab und Galopp.
● Longieren Sie an einer Abgrenzung entlang.
● Wenden Sie Peitschen- und Stimmhilfen gleichzeitig an – dies führt zum gewünschten Erfolg. Entscheidend ist die Reaktion des Pferdes auf die entsprechende Hilfe.
● Longieren Sie abwechslungsreich, so auch auf Außenplätzen und über Bodenricks.

Beachte:

Das abwechslungsreiche Arbeiten mit dem Pferd unterscheidet das Longieren vom »Laufenlassen« an der Longe.

Die Deutsche Bibliothek –
CIP-Einheitsaufnahme

Ein Titeldatensatz für diese Publikation ist bei Der Deutschen Bibliothek erhältlich

Bildnachweis
Hilbt, Rainer: S. 10, S. 11 unten, S. 13 rechts, S. 16 links, Mitte und rechts, S. 18, S. 19, S. 20 links und rechts, S. 21 oben, S. 23, S. 28 und S. 29 alle Fotos, S. 30, S. 38 unten, S. 40, S. 43, S. 46
Hohmann, Sabine: S. 4 oben, S. 5, S. 6 unten, S. 7 rechts und links, S. 8 unten rechts, S. 9 oben und unten, S. 11 oben links und Mitte, S. 14 links, Mitte und rechts, S. 24, S. 25, S. 32, S. 33, S. 37, S. 39 rechts, S. 41 links und rechts, S. 42, S. 45 oben und unten, S. 49, S. 51 oben und unten, S. 56, S. 57 links, Mitte und rechts
Pressefotoservice Frieler, Karl-Heinz: S. 1, S. 2, S. 3, S. 4 unten, S. 6 oben, S. 8 oben und unten, S. 11 oben rechts, S. 15, S. 21 unten links und rechts, S. 35, S. 38 oben, S. 39 links, S. 40 oben, S. 50, S. 53
Illustrationen: Susanne Retsch-Amschler
Umschlagfotos: Titelfotos: rechts oben: Lothar Lenz
Mitte und links oben: Sabine Hohmann
unten: Pressefoto-Service Karl Heinz Frieler
Rückseite: rechts und links: Sabine Hohmann
Mitte: Pressefoto-Service Karl-Heinz Frieler

Weitere Informationen unter: www.longieren.de
Umschlaggestaltung: Studio Schübel, München
Layout: Parzhuber & Partner, München
Redaktion, Satz und Herstellung: Renate Hausdorf
Lektorat: Claudia Daiber

2., durchgesehene Auflage

BLV Verlagsgesellschaft mbH München Wien Zürich
80797 München

© BLV Verlagsgesellschaft mbH, München 2002

Druck: Appl, Wemding · Bindung: Ludwig Auer, Donauwörth
Printed in Germany · ISBN 3-405-15518-5